l'école - skole — 2
le voyage - rejse — 5
le transport - transport — 8
la ville - by — 10
le paysage - landskab — 14
le restaurant - restaurant — 17
le supermarché - supermarked — 20
les boissons - drikkevarer — 22
l'alimentation - mad — 23
la ferme - bondegård — 27
la maison - hus — 31
le salon - stue — 33
la cuisine - køkken — 35
la salle de bain - badeværelse — 38
la chambre d'enfant - børneværelse — 42
les vêtements - tøj — 44
le bureau - kontor — 49
l'économie - økonomi — 51
les professions - erhverv — 53
les outils - værktøj — 56
les instruments de musique - musikinstrumenter — 57
le zoo - zoo — 59
les sports - sport — 62
les activités - aktiviteter — 63
la famille - familie — 67
le corps - krop — 68
l'hôpital - sygehus — 72
l'urgence - nødstilfælde — 76
la terre - Jorden — 77
...heure(s) - ur — 79
la semaine - uge — 80
l'année - år — 81
les formes - former — 83
les couleurs - farver — 84
les oppositions - modsætninger — 85
les nombres - tal — 88
les langues - sprog — 90
qui / quoi / comment - hvem / hvad / hvordan — 91
où - hvor — 92

Impressum
Verlag: BABADADA GmbH, Nedderfeld 112 , 22529 Hamburg
Geschäftsführer / Verlagsleitung: Harald Hof
Druck: Books on Demand GmbH, In de Tarpen 42, 22848 Norderstedt

Imprint
Publisher: BABADADA GmbH, Nedderfeld 112 , 22529 Hamburg, Germany
Managing Director / Publishing direction: Harald Hof
Print: Books on Demand GmbH, In de Tarpen 42, 22848 Norderstedt

1

l'école
skole

diviser
dividere

186/2

le tableau noir
tavle

la salle de classe
klasseværelse

la cour (de récréation)
skolegård

le professeur
lærer

le papier
papir

écrire
skrive

le stylo
pen

le bureau
skrivebord

la règle
lineal

le livre
bog

l'élève
elev

le cartable

skoletaske

la trousse

penalhus

le crayon

blyant

le taille-crayon

blyantspidser

la gomme

viskelæder

le carnet à dessin

tegneblok

le dessin

tegning

le pinceau

pensel

la boîte de peinture

æske med vandfarver

les ciseaux

saks

la colle

lim

le cahier d'exercices

opgavehefte

les devoirs

lektie

le chiffre

tal

additionner

addere

soustraire

subtrahere

multiplier

multiplicere

calculer

regne

la lettre

bogstav

l'alphabet

alfabet

le mot

ord

le texte

tekst

lire

læse

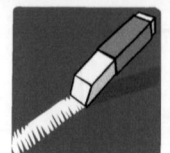

la craie

kridt

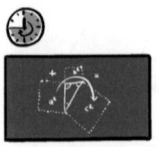

la leçon

time

le livre de classe

klasseprotokol

l'examen

eksamen

le certificat

karakterbog

l'uniforme scolaire

skoleuniform

la formation

uddannelse

le lexique

leksikon

l'université

universitet

le microscope

mikroskop

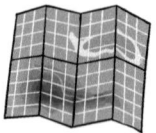

la carte

kort

la corbeille à papier

papirkurv

l'hôtel
hotel

Grand

l'auberge
herberg

ROOMS

le bureau de change
vekselkontor

CHANGE

la valise
kuffert

la voiture
bil

la langue

sprog

oui / non

ja / nej

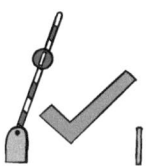

d'accord

okay

Salut

hej

l'interprète

oversætter

merci

tak

Combien coûte...?

hvad koster...?

Je ne comprends pas

Jeg forstår ikke

le problème

problem

Bonsoir !

God aften!

Bonjour !

God morgen!

Bonne nuit !

God nat!

Au revoir

farvel

la direction

retning

les bagages

bagage

le sac

taske

le sac-à-dos

rygsæk

l'hôte

gæst

la pièce

værelse

le sac de couchage

sovepose

la tente

telt

l'office de tourisme

turistinformation

la plage

strand

la carte de crédit

kreditkort

le petit-déjeuner

morgenmad

le déjeuner

middagsmad

le dîner

aftensmad

le billet

billet

l'ascenseur

elevator

le timbre

frimærke

la frontière

grænse

la douane

told

l'ambassade

ambassade

le visa

visum

le passeport

pas

le transport
transport

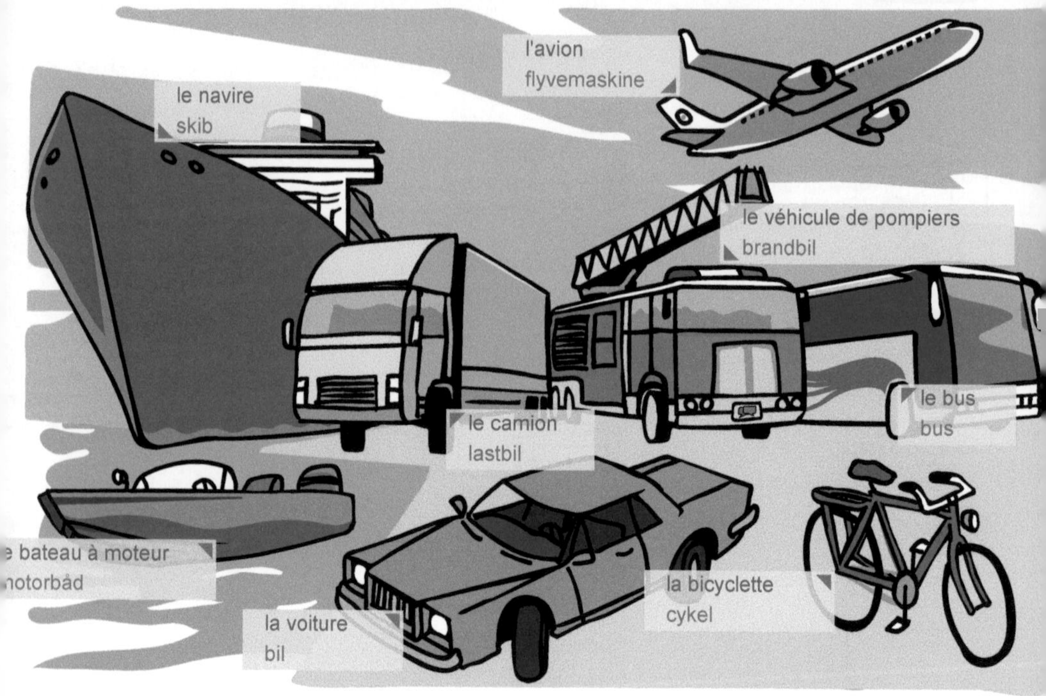

l'avion
flyvemaskine
le navire
skib
le véhicule de pompiers
brandbil
le bus
bus
le camion
lastbil
e bateau à moteur
notorbåd
la bicyclette
cykel
la voiture
bil

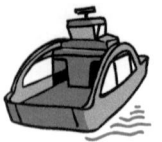

le ferry
færge

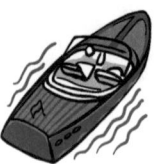

la barque
båd

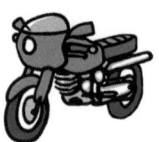

la moto
motorcykel

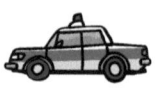

la voiture de police
politibil

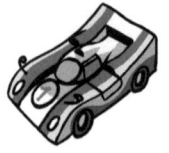

la voiture de course
racerbil

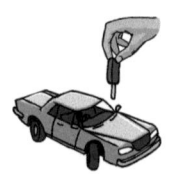

la voiture de location
lejebil

l'auto-partage
....
samkørsel

la voiture de remorquage
....
kranbil

la benne à ordures
....
skraldebil

le moteur
....
motor

l'essence
....
benzin

la station d'essence
....
tankstation

le panneau indicateur
....
trafikskilt

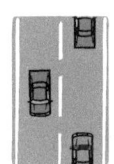

le trafic
....
trafik

l'embouteillage
....
trafikprop

le parking
....
parkeringsplads

la gare
....
banegård

les rails
....
skinner

le train
....
tog

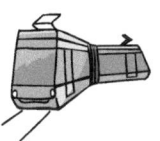

le tramway
....
sporvogn

le wagon
....
wagon

l'hélicoptère

helikopter

l'aéroport

lufthavn

la tour

tårn

le passager

passager

le conteneur

container

le carton

karton

le chariot

kærre

la corbeille

kurv

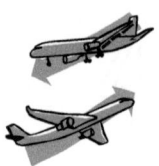

décoller / atterrir

starte / lande

la ville

by

le village

landsby

le centre-ville

bymidte

la maison

hus

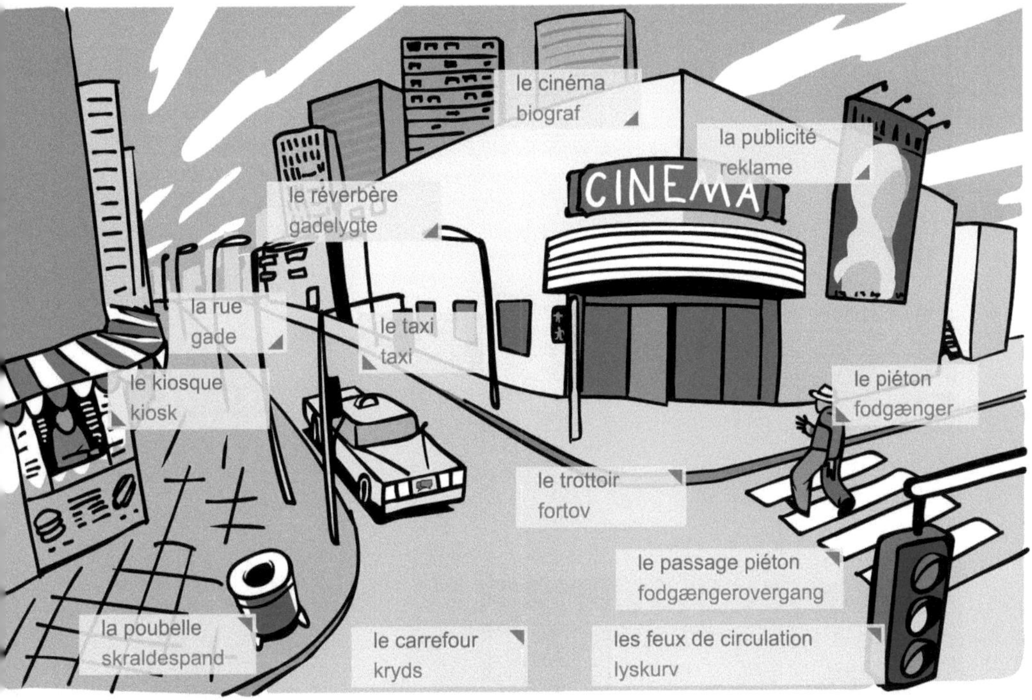

le cinéma
biograf

la publicité
reklame

le réverbère
gadelygte

CINEMA

la rue
gade

le taxi
taxi

le kiosque
kiosk

le piéton
fodgænger

le trottoir
fortov

le passage piéton
fodgængerovergang

la poubelle
skraldespand

le carrefour
kryds

les feux de circulation
lyskurv

la cabane

hytte

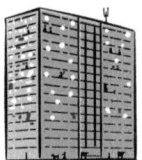

l'appartement

lejlighed

la gare

banegård

la mairie

rådhus

le musée

museum

l'école

skole

l'université

universitet

la banque

bank

l'hôpital

sygehus

l'hôtel

hotel

la pharmacie

apotek

le bureau

kontor

la librairie

boghandel

le magasin

butik

le fleuriste

blomsterbutik

le supermarché

supermarked

le marché

marked

le grand magasin

stormagasin

la poissonnerie

fiskehandler

le centre commercial

butikscenter

le port

havn

le parc

park

la banque

bænk

le pont

bro

les escaliers

trappe

le métro

undergrundsbane

le tunnel

tunnel

l'arrêt de bus

busstoppested

le bar

barnevogn

le restaurant

restaurant

la boîte à lettres

postkasse

le panneau indicateur

vejskilt

le parcmètre

parkometer

le zoo

zoo

le réverbère

badeanstalt

la mosquée

moske

la ferme

bondegård

la pollution

miljøforurening

la cimetière

kirkegård

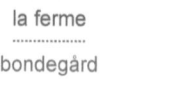

l'église

kirke

l'aire de jeux

legeplads

le temple

tempel

le paysage
landskab

la feuille
blad

le panneau indicateur
vejviser

le chemin
vej

le pré
eng

la pierre
sten

le randonneur
vandrer

l'arbre
træ

la rivière
flod

l'herbe
græs

la fleur
blomst

la vallée
dal

la montagne
bjerg

le lac
sø

la forêt
skov

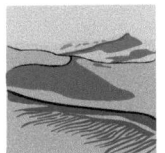

le désert
ørken

le volcan
vulkan

le château
slot

l'arc-en-ciel
regnbue

le champignon
svamp

le palmier
palme

le moustique
moskito

la mouche
flue

les fourmis
myre

l'abeille
bi

l'araignée
edderkop

le coléoptère

bille

la grenouille

frø

l'écureuil

egern

le hérisson

pindsvin

le lièvre

hare

la chouette

ugle

l'oiseau

fugl

le cygne

svane

le sanglier

vildsvin

le cerf

hjort

l'élan

elg

le barrage

dæmning

l'éolienne

vindmølle

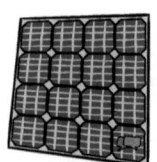

le panneau solaire

solcellemodul

le climat

klima

le serveur
tjener

le menu
spisekort

la chaise
stol

la soupe
suppe

la pizza
pizza

les couverts
bestik

la nappe
borddug

les hors d'œuvre

forret

le plat principal

hovedret

le dessert

dessert

les boissons

drikkevarer

l'alimentation

mad

la bouteille

flaske

le fast-food

fastfood

les plats à emporter

streetfood

la théière

tekande

le sucrier

sukkerdåse

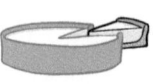

la portion

portion

la machine à expresso

espressomaskine

la chaise haute

barnestol

la facture

faktura

le plateau

tablet

le couteau

kniv

la fourchette

gaffel

la cuillère

ske

la cuillère à thé

teske

la serviette

serviet

le verre

glas

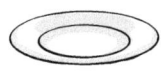

l'assiette

tallerken

l'assiette à soupe

dyb tallerken

la soucoupe

underkop

la sauce

sovs

la salière

saltbøsse

le moulin à poivre

peberkværn

le vinaigre

eddike

l'huile

olie

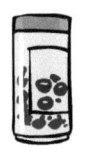

les épices

krydderier

le ketchup

ketchup

la moutarde

sennep

la mayonnaise

mayonnaise

le supermarché
supermarked

l'offre promotionnelle
tilbud
FOR
le client
kunde
les produits laitiers
mælkeprodukter
les fruits
frugt
le chariot
indkøbsvogn

BUTCHERS

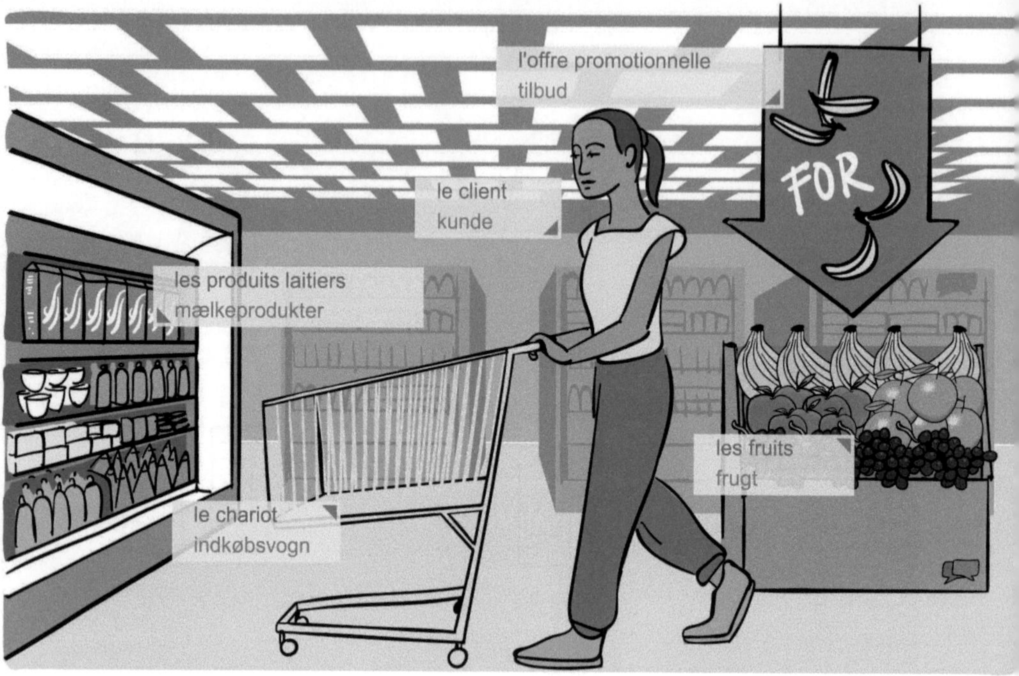

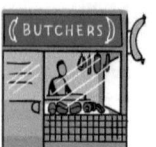

la boucherie
slagter

BAKERY

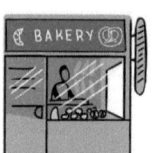

la boulangerie
bageri

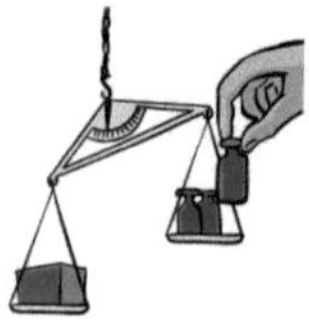

peser
veje

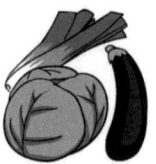

les légumes
grøntsager

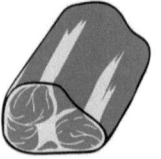

la viande
kød

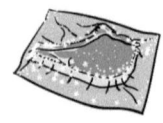

les aliments surgelés
frostvarer

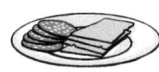

la charcuterie

pålæg

les conserves

konserves

la poudre à lessive

vaskemiddel

les bonbons

slik

les articles ménagers

husholdningsvarer

les détergents

rengøringsmidler

la vendeuse

ekspedient

la caisse

kasse

le caissier

kasserer

la liste d'achats

indkøbsliste

les heures d'ouverture

åbningstider

le portefeuille

tegnebog

la carte de crédit

kreditkort

le sac

taske

le sac en plastique

plasticpose

l'eau

vand

le jus de fruit

saft

le lait

mælk

le coca

cola

le vin

vin

la bière

øl

l'alcool

alkohol

le chocolat chaud

kakao

le thé

te

le café

kaffe

l'expresso

espresso

le cappuccino

cappuccino

la banane

banan

la pomme

æble

l'orange

appelsin

le melon

melon

le citron.

citron

la carotte

gulerod

l'ail

hvidløg

le bambou

bambus

l'oignon

løg

le champignon

svamp

les noisettes

nødder

les pâtes

nudler

les spaghetti

spaghetti

le riz

ris

la salade

salat

les pommes frites

pomfritter

les pommes de terre rôties

stegte kartofler

la pizza

pizza

le hamburger

hamburger

le sandwich

sandwich

l'escalope

schnitzel

le jambon

skinke

le salami

salami

la saucisse

pølse

le poulet

kylling

le rôti

steg

le poisson

fisk

les flocons d'avoine

havregryn

le muesli

mysli

les cornflakes

cornflakes

la farine

mel

le croissant

croissant

les petits-pains

rundstykke

le pain

brød

le pain grillé

toast

les biscuits

kiks

le beurre

smør

le fromage blanc

kvark

le gâteau

kage

l'œuf

æg

l'œuf au plat

spejlæg

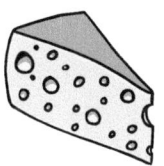

le fromage

ost

la glace
is

le sucre
sukker

le miel
honning

la confiture
marmelade

la crème nougat
nougat-creme

le curry
karry

la ferme
bondegård

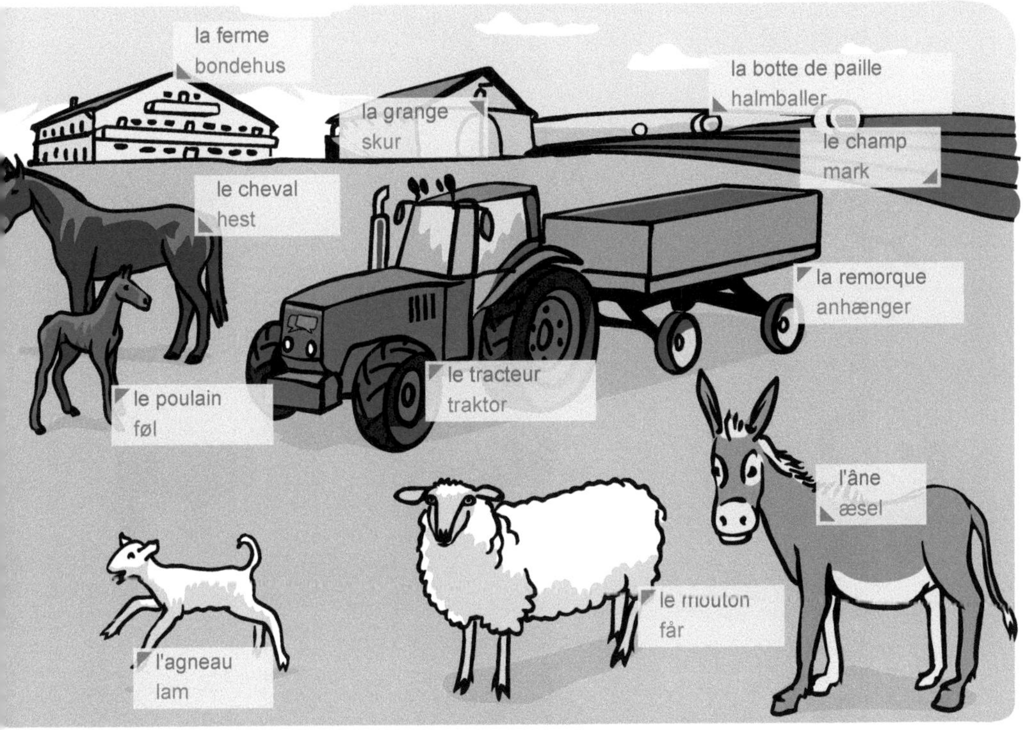
la ferme
bondehus
la grange
skur
la botte de paille
halmballer
le champ
mark
le cheval
hest
la remorque
anhænger
le tracteur
traktor
le poulain
føl
l'âne
æsel
le moulon
får
l'agneau
lam

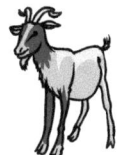

la chèvre

ged

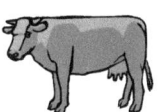

la vache

ko

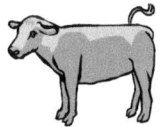

le veau

kalv

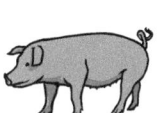

le porc

svin

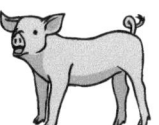

le porcelet

gris

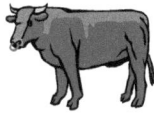

le taureau

tyr

l'oie

gås

le canard

and

le poussin

kylling

la poule

høne

le coq

hane

le rat

rotte

le chat

kat

la souris

mus

le bœuf

okse

le chien

hund

le chenil

hundehus

le tuyau de jardin

haveslange

l'arrosoir

vandkande

la faucheuse

le

la charrue

plov

la faucille

segl

la pioche

hakkejern

la fourche

møggreb

la hache

økse

la brouette

trillebør

la cuve

trug

le pot à lait

mælkekande

le sac

sæk

la clôture

hæk

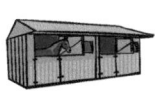

l'étable

stald

le serre

drivhus

le sol

jord

les semences

frø

l'engrais

gødning

la moissonneuse-batteuse

mejetærsker

récolter
høste

la récolte
høst

l'igname
yams

le blé
hvede

le soja
soja

la pomme de terre
kartoffel

le maïs
majs

le colza
raps

l'arbre fruitier
frugttræ

le manioc
maniok

les céréales
korn

la maison

hus

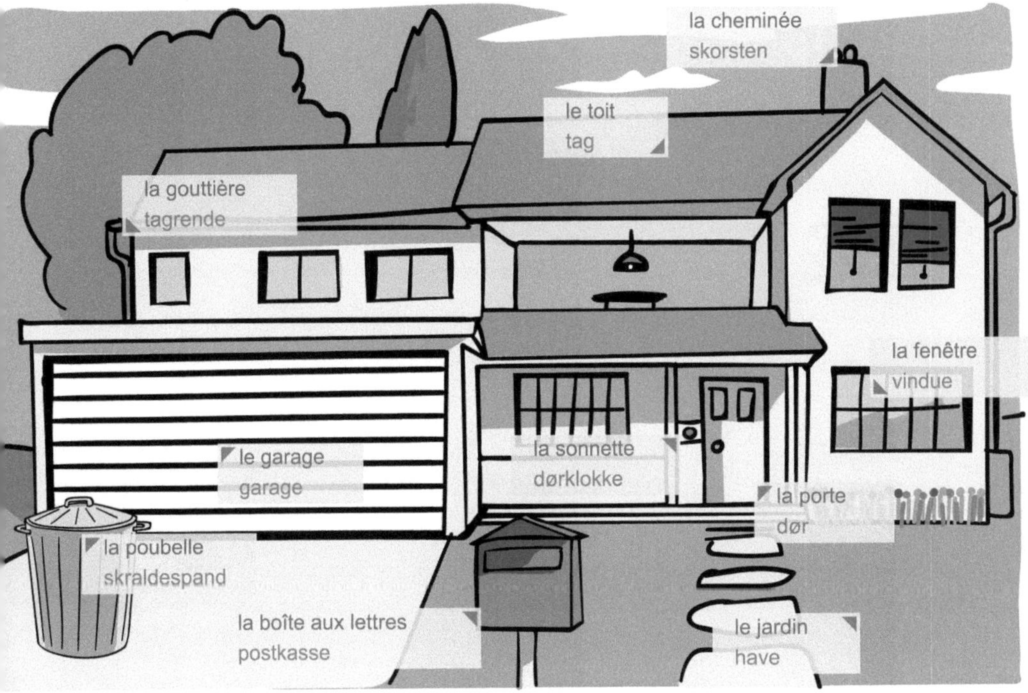

la cheminée
skorsten
le toit
tag
la gouttière
tagrende
la fenêtre
vindue
le garage
garage
la sonnette
dørklokke
la porte
dør
la poubelle
skraldespand
la boîte aux lettres
postkasse
le jardin
have

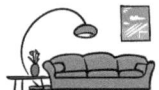

le salon

stue

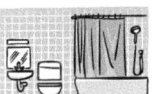

la salle de bain

badeværelse

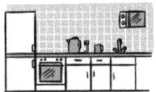

la cuisine

køkken

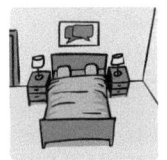

la chambre à coucher

soveværelse

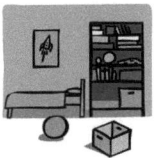

la chambre d'enfant

børneværelse

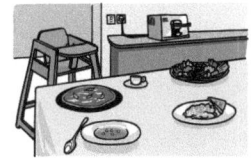

la salle à manger

spisestue

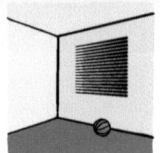

le sol

gulv

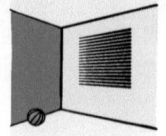

le mur

væg

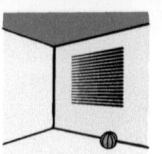

le plafond

loft

la cave

kælder

le sauna

sauna

le balcon

altan

la terrasse

terrasse

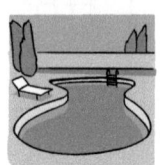

la piscine

svømmehal

la tondeuse à gazon

plæneklipper

la housse

dynebetræk

la couette

dyne

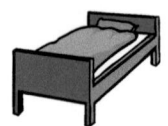

le lit

seng

le balai

kost

le sceau

spand

l'interrupteur

kontakt

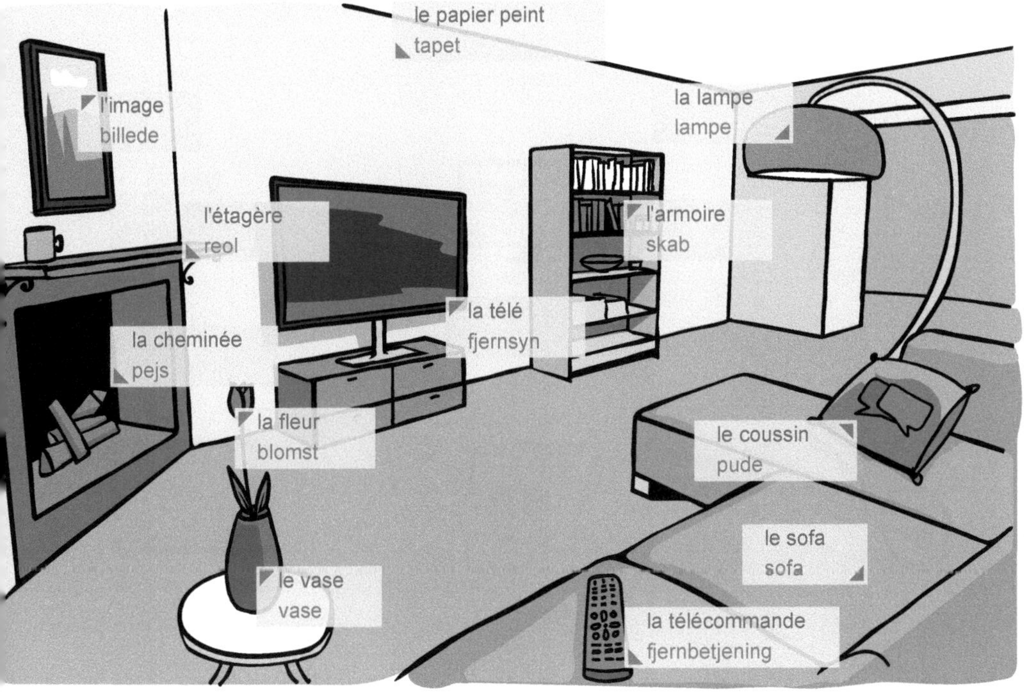

le papier peint
tapet

l'image
billede

la lampe
lampe

l'étagère
reol

l'armoire
skab

la cheminée
pejs

la télé
fjernsyn

la fleur
blomst

le coussin
pude

le sofa
sofa

le vase
vase

la télécommande
fjernbetjening

	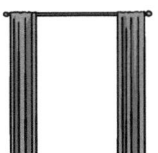	
le tapis	le rideau	la table
gulvtæppe	gardin	bord

la chaise	la chaise à bascule	le fauteuil
stol	gyngestol	lænestol

le livre

bog

la couverture

tæppe

la décoration

dekoration

le bois de chauffage

brænde

le film

film

la chaîne hi-fi

stereoanlæg

la clé

nøgle

le journal

avis

la peinture

maleri

le poster

plakat

la radio

radio

le bloc-notes

notesblok

l'aspirateur

støvsuger

le cactus

kaktus

la bougie

lys

la cuisine
køkken

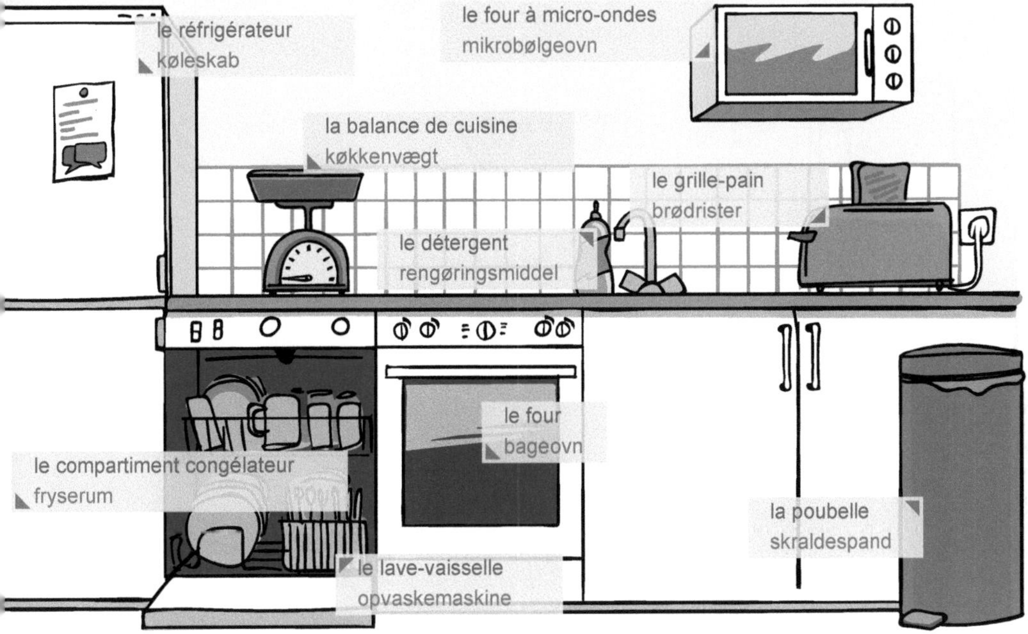
le réfrigérateur
køleskab
le four à micro-ondes
mikrobølgeovn
la balance de cuisine
køkkenvægt
le grille-pain
brødrister
le détergent
rengøringsmiddel
le four
bageovn
le compartiment congélateur
fryserum
la poubelle
skraldespand
le lave-vaisselle
opvaskemaskine

le four
....
komfur

la casserole
....
gryde

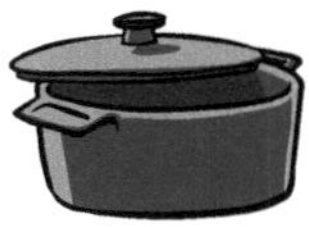

la marmite
....
jerngryde

le wok / kadai
....
wok / kadai

la poêle
....
pande

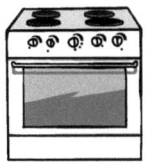

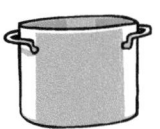

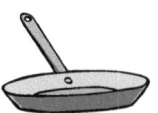

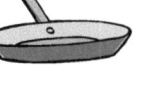

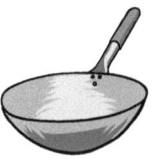

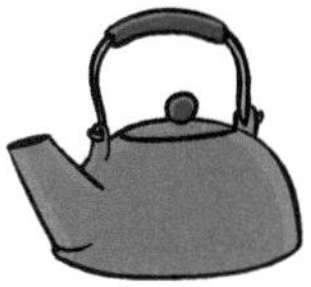

la bouilloire electrique
....
elkedel

le cuiseur vapeur

dampkoger

la plaque de cuisson

bageplade

la vaisselle

service

le gobelet

bæger

la coupe

skål

les baguettes

spisepinde

la louche

øseske

la spatule

paletkniv

le fouet

piskeris

la passoire

dørslag

le tamis

si

la râpe

rive

le mortier

morter

le barbecue

grille

la cheminée

ildsted

la planche à découper

skærebræt

le rouleau à pâtisserie

kagerulle

le tire-bouchon

proptrækker

la boîte

dåse

l'ouvre-boîte

dåseåbner

les maniques

grydelap

le lavabo

køkkenvask

la brosse

børste

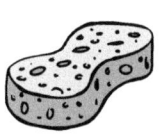

l'éponge

svamp

le mixeur

blender

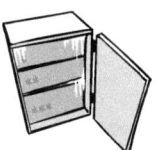

le congélateur

dybfryser

le biberon

sutteflaske

le robinet

vandhane

la salle de bain
badeværelse

le chauffage
radiator
la douche
brusebad
la serviette
håndklæde
le rideau de douche
bruserforhæng
le bain moussant
skumbad
la baignoire
badekar
le verre
glas
la machine à laver
vaskemaskine
le robinet
vandhane
le carrelage
fliser
le pot
tissepotte
le lavabo
køkkenvask

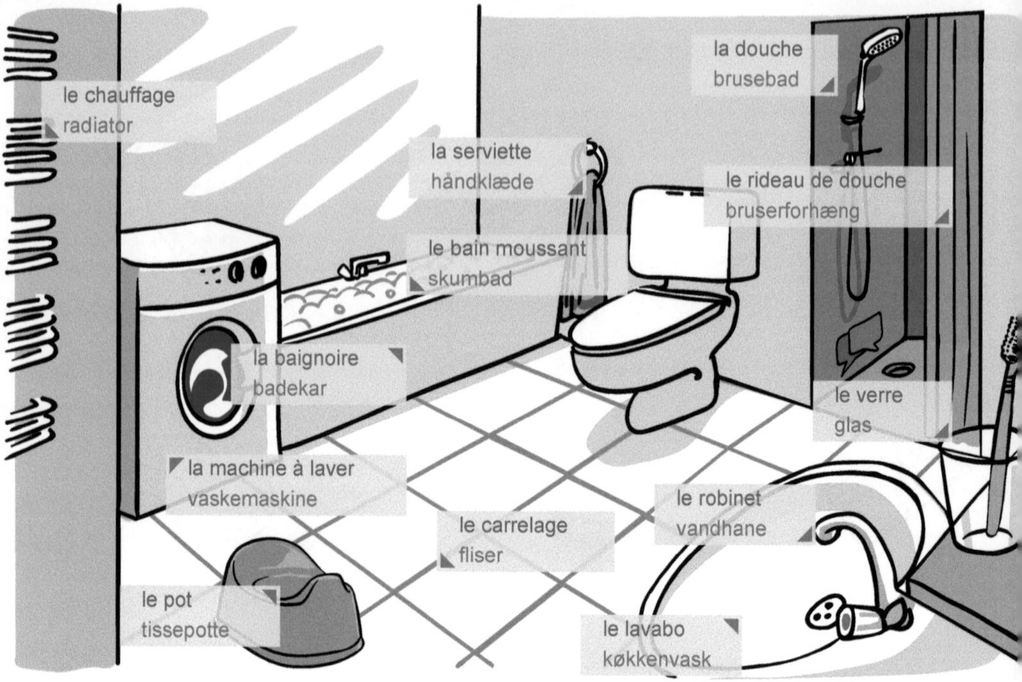

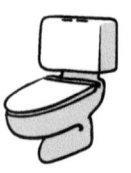

les toilettes

toilet

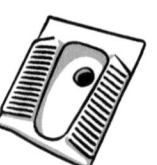

la toilette à la turque

hugsiddende toilet

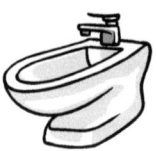

le bidet

bidet

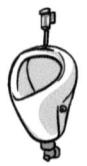

l'urinoir

pissoir

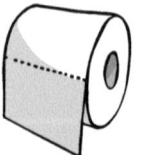

le papier toilette

toiletpapir

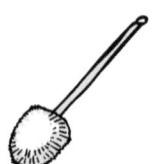

la brosse à toilette

toiletbørste

la brosse à dents

tandbørste

le dentifrice

tandpasta

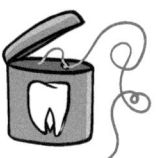

le fil dentaire

tandtråd

laver

vaske

la douche manuelle

håndbruser

la douche intime

intimbruser

la vasque

vaskefad

la brosse dorsale

badebørste

le savon

sæbe

le gel douche

brusegele

le shampooing

shampoo

le gant de toilette

vaskeklud

l'écoulement

afløb

la crème

creme

le déodorant

deodorant

le miroir

spejl

le miroir cosmétique

kosmetikspejl

le rasoir

barberhøvl

la mousse à raser

barberskum

l'après-rasage

barbervand

la peigne

kam

la brosse

børste

le sèche-cheveux

hårtørrer

la laque pour cheveux

hårspray

le fond de teint

makeup

le rouge à lèvres

læbestift

le vernis à ongles

neglelak

l'ouate

vat

le coupe-ongles

neglesaks

le parfum

parfume

la trousse de toilette

toilettaske

le tabouret

skammel

le pèse-personne

vægt

le peignoir

badekåbe

les gants de nettoyage

gummihandsker

le tampon

tampon

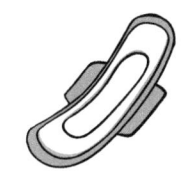

les serviettes hygiéniques

damebind

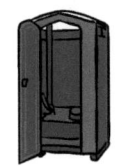

la toilette chimique

kemisk toilet

la salle de bain - badeværelse

la chambre d'enfant

børneværelse

le réveil
vækkeur
le doudou
bamse
la voiture jouet
legetøjsbil
le hochet
skralde
la maison de poupée
dukkehus
le cadeau
gave

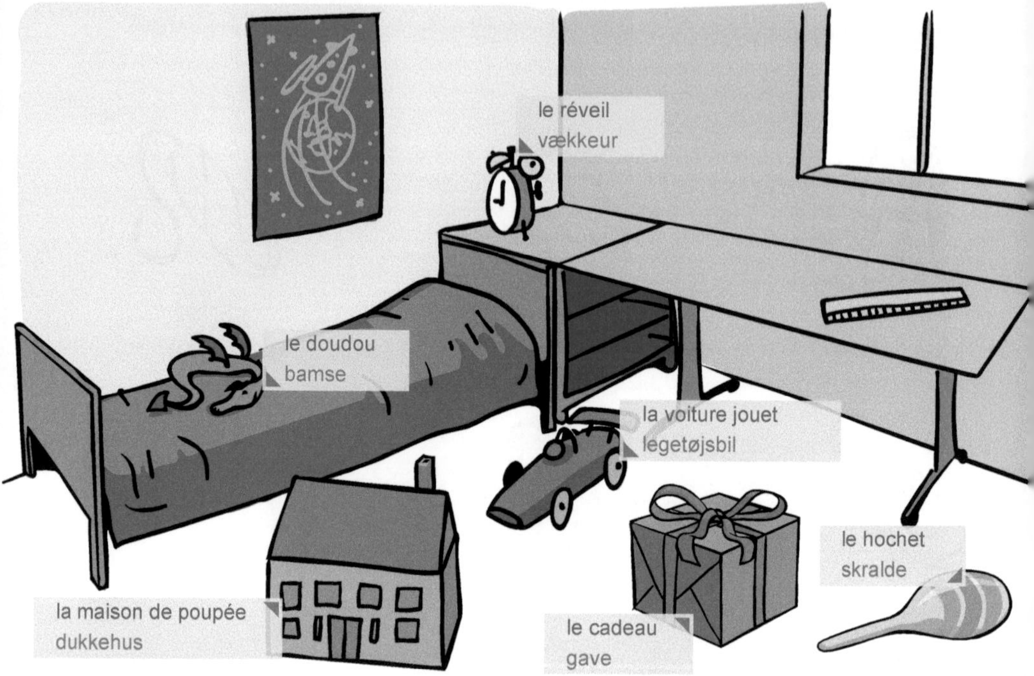

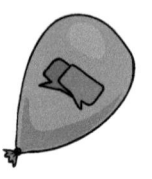

le ballon

ballon

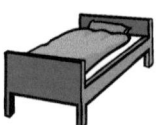

le lit

seng

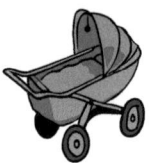

la poussette

barnevogn

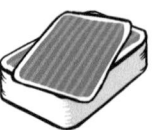

le jeu de cartes

kortspil

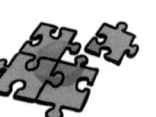

le puzzle

puslespil

SUPER MEGA

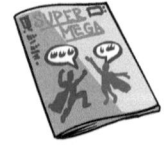

la bande dessinée

tegneserie

les pièces lego

legoklodser

les blocs de construction

byggeklodser

la figurine

action figur

la grenouillère

sparkedragt

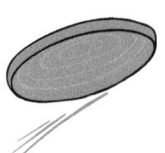

le frisbee

frisbee

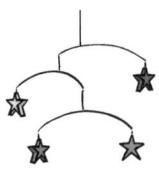

le mobile

uro

le jeu de société

brætspil

le dé

terning

le train miniature

modeljernbane

la sucette

sut

la fête

fest

le livre d'images

billedbog

la balle

bold

la poupée

dukke

jouer

lege

le bac à sable

sandkasse

la balançoire

gynge

les jouets

legetøj

la console de jeu

spillekonsol

le tricycle

trehjulet cykel

l'ours en peluche

bamse

l'armoire

klædeskab

les vêtements

tøj

les chaussettes

sokker

les bas

strØmper

le collant

strØmpebukser

l'écharpe
sjal

la ceinture
bælte

le parapluie
paraply

le t-shirt
T-shirt

les baskets
sneakers

les bottes
støvler

les pantoufles
hjemmesko

les sandales
sandaler

les chaussures
sko

les bottes de caoutchouc
gummistøvler

les sous-vêtements
underbukser

le soutien-gorge
BH

le maillot de corps
undertrøje

le body

body

le pantalon

bukser

le jean

jeans

la jupe

nederdel

le chemisier

bluse

la chemise

skjorte

le pull

pullover

le sweat à capuche

sweatshirt

la veste

blazer

la veste

jakke

le manteau

frakke

l'imperméable

regnfrakke

le costume

kostume

la robe

kjole

la robe de mariée

brudekjole

le costume

jakkesæt

la chemise de nuit

nattrøje

le pyjama

pyjamas

le sari

sari

le foulard

hovedtørklæde

le turban

turban

la burqa

burka

le caftan

kaftan

l'abaya

abaya

le maillot de bain

badedragt

le maillot de bain

badebukser

le short

korte bukser

la tenue d'entraînement

træningsdragt

le tablier

forklæde

les gants

handsker

le bouton
knap

les lunettes
briller

le bracelet
armbånd

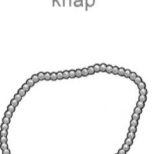

le collier
kæde

la bague
ring

la boucle d'oreille
ørering

le bonnet
hue

le cintre
bøjle

le chapeau
hat

la cravate
slips

la fermeture éclair
lynlås

le casque
hjelm

les bretelles
seler

l'uniforme scolaire
skoleuniform

l'uniforme
uniform

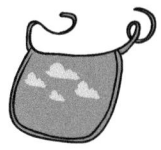

le bavoir

hagesmæk

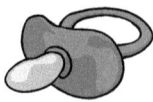

la sucette

sut

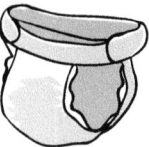

la lange

ble

le bureau
kontor

le serveur
server
l'armoire d'archivage
arkivskab
l'imprimante
printer
le papier
papir
l'écran
skærm
le bureau
skrivebord
la souris
mus
le classeur
mappe
le clavier
tastatur
la corbeille à papier
papirkurv
l'ordinateur
computer
la chaise
stol

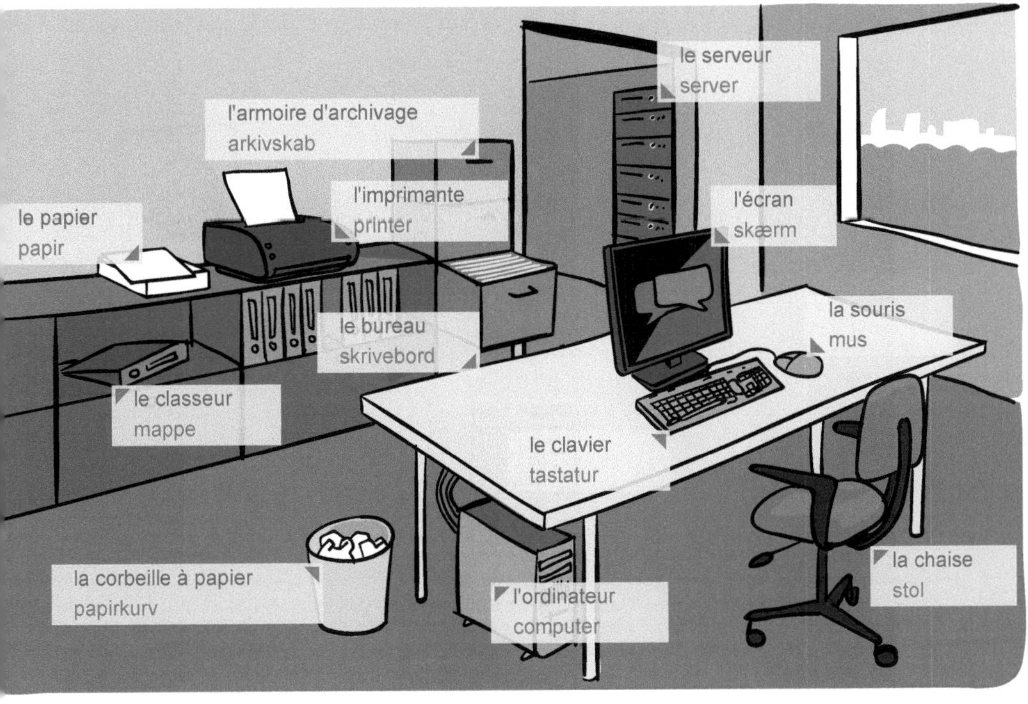

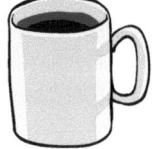

la tasse de café

kaffekrus

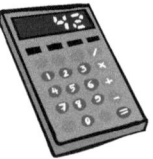

la calculatrice

lommeregner

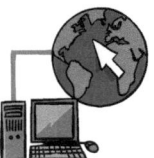

l'internet

internet

l'ordinateur portable
....
bærbar

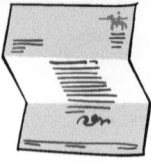

la lettre
....
brev

le message
....
besked

le portable
....
mobil

le réseau
....
netværk

la photocopieuse
....
kopimaskine

le logiciel
....
software

le téléphone
....
telefon

la prise
....
stikdåse

le fax
....
fax

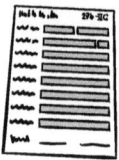

le formulaire
....
formular

le document
....
dokument

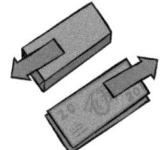

acheter

købe

payer

betale

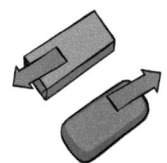

faire du commerce

handle

la monnaie

penge

le dollar

dollar

l'euro

euro

le yen

yen

le rouble

rubel

le franc suisse

schweizerfranc

le renminbi yuan

renminbi yuan

la roupie

rupee

le distributeur automatique

hæveautomat

le bureau de change

vekselkontor

l'or

guld

l'argent

sølv

le pétrole

olie

l'énergie

energi

le prix

pris

le contrat

kontrakt

la taxe

skat

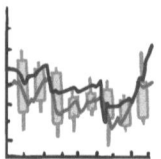

l'action

aktie

travailler

arbejde

l'employé

ansat

l'employeur

arbejdsgiver

l'usine

fabrik

le magasin

butik

l'agent de police
politimand

le pompier
brandmand

le cuisinier
kok

le médecin
læge

le pilote
pilot

le jardinier

gartner

le menuisier

tømrer

la couturière

syerske

le juge

dommer

le chimiste

kemiker

l'acteur

skuespiller

le conducteur de bus

buschauffør

le chauffeur de taxi

taxachauffør

le pêcheur

fisker

la femme de ménage

rengøringskone

le couvreur

tagdækker

le serveur

tjener

le chasseur

jæger

le peintre

maler

le boulanger

bager

l'électricien

elektriker

l'ouvrier

bygningsarbejder

l'ingénieur

ingeniør

le boucher

slagter

le plombier

vvs-mand

le facteur

postbud

le soldat

soldat

l'architecte

arkitekt

le caissier

kasserer

le fleuriste

blomsterhandler

le coiffeur

frisør

le contrôleur

togfører

le mécanicien

mekaniker

le capitaine

kaptajn

le dentiste

tandlæge

le scientifique

videnskabsmand

le rabbin

rabbiner

l'imam

imam

le moine

munk

le prêtre

præst

les outils
værktøj

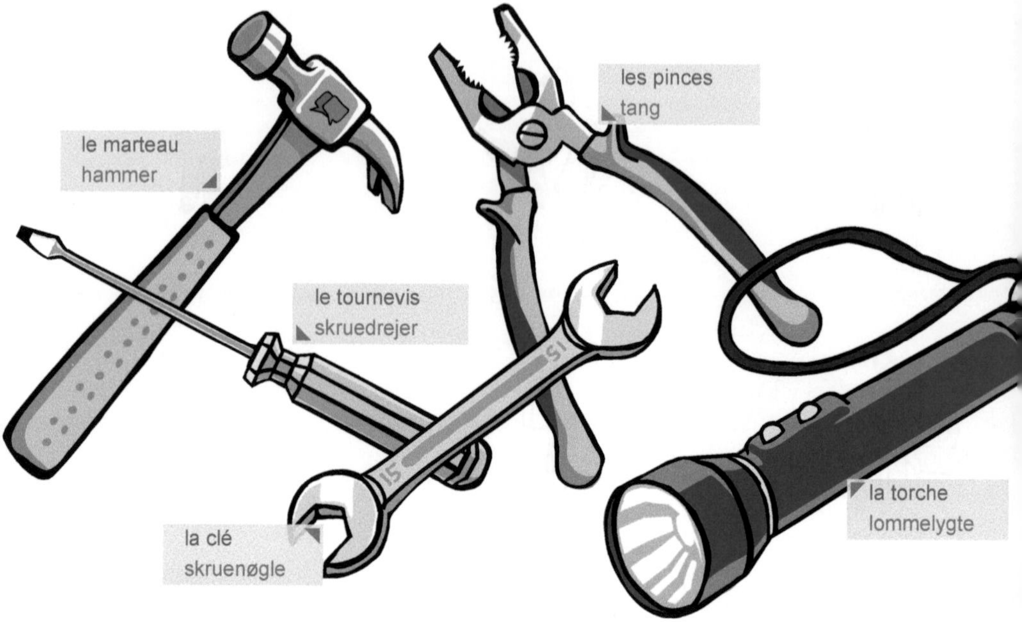

le marteau
hammer

les pinces
tang

le tournevis
skruedrejer

la clé
skruenøgle

la torche
lommelygte

la pelleteuse

gravemaskine

la boîte à outils

værktøjskasse

l'échelle

stige

la scie

sav

les clous

søm

la perceuse

bor

réparer

reparere

la pelle

skovl

Mince !

Lort!

la pelle

fejebakke

le pot de peinture

malerspand

les vis

skruer

les instruments de musique

musikinstrumenter

la batterie
trommer

le haut-parleurs
højttaler

la guitare
guitar

la contrebasse
kontrabas

la trompette
trompet

le piano

klaver

le violon

violin

la basse

bas

les timbales

pauke

le tambour

tromme

le piano électrique

keyboard

le saxophone

saxofon

la flûte

fløjte

le microphone

mikrofon

l'entrée
indgang

le tigre
tiger

la cage
bur

le zèbre
zebra

l'alimentation animale
dyrefoder

le panda
panda

les animaux

dyr

l'éléphant

elefant

le kangourou

kænguru

le rhinocéros

næsehorn

le gorille

gorilla

l'ours

bjørn

le chameau

kamel

l'autruche

struds

le lion

løve

le singe

abe

le flamand rose

flamingo

le perroquet

papegøje

l'ours polaire

isbjørn

le pingouin

pingvin

le requin

haj

le paon

páfugl

le serpent

slange

le crocodile

krokodille

le gardien de zoo

dyrepasser

le phoque

sæl

le jaguar

jaguar

le poney

pony

le léopard

leopard

l'hippopotame

flodhest

la girafe

giraf

l'aigle

ørn

le sanglier

vildsvin

le poisson

fisk

la tortue

skildpadde

le morse

hvalros

le renard

ræv

la gazelle

gazelle

l'american Football
amerikansk football

le cyclisme
cykling

le tennis
tennis

le basket-ball
basketball

la natation
svømning

la boxe
boksning

le hockey sur glace
ishockey

le football
fodbold

le badminton
badminton

l'athlétisme
atletik

le handball
håndbold

le ski
skiløb

le polo
polo

sauter
springe

embrasser
give et knus

rire
grine

marcher
gá

chanter
synge

rêver
drømme

prier
bede

faire la bise
kysse

écrire
skrive

dessiner
tegne

montrer
vise

pousser
skubbe

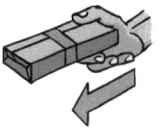

donner
give

prendre
tage

avoir
have

faire
gøre

être
være

être debout
stå

courir
løbe

trier
trække

jeter
kaste

tomber
falde

être couché
ligge

attendre
vente

porter
bære

être assis
sidde

s'habiller
tage på

dormir
sove

se réveiller
vågne

regarder

se på

pleurer

græde

caresser

ae

peigner

kæmme

parler

tale

comprendre

forstå

demander

spørge

écouter

høre

boire

drikke

manger

spise

ranger

rydde op

aimer

elske

cuire

koge

conduire

køre

voler

flyve

faire de la voile

sejle

calculer

regne

lire

læse

apprendre

lære

travailler

arbejde

se marier

gifte sig med

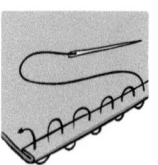

coudre

sy

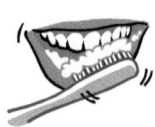

brosser les dents

børste tænder

tuer

dræbe

fumer

ryge

envoyer

sende

la famille
familie

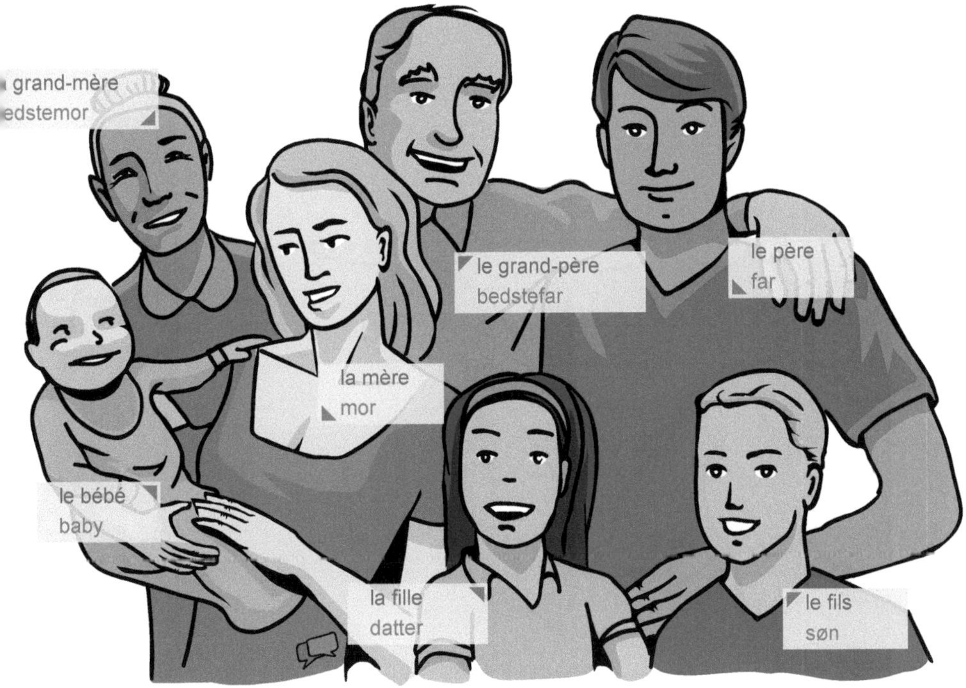
grand-mère
edstemor
le grand-père
bedstefar
le père
far
la mère
mor
le bébé
baby
la fille
datter
le fils
søn

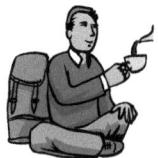

l'hôte

gæst

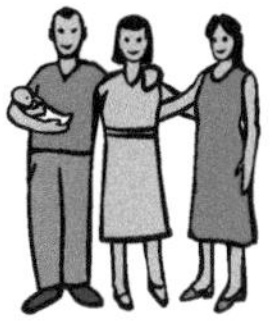

la tante

tante

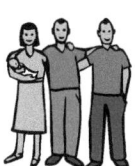

l'oncle

onkel

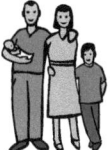

le frère

bror

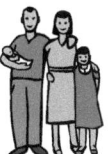

la sœur

søster

le corps
krop

le front
pande
l'œil
øje
l'épaule
skulder
le doigt
finger
le visage
ansigt
le menton
hage
la main
hånd
la jambe
ben
la poitrine
bryst
le bras
arm

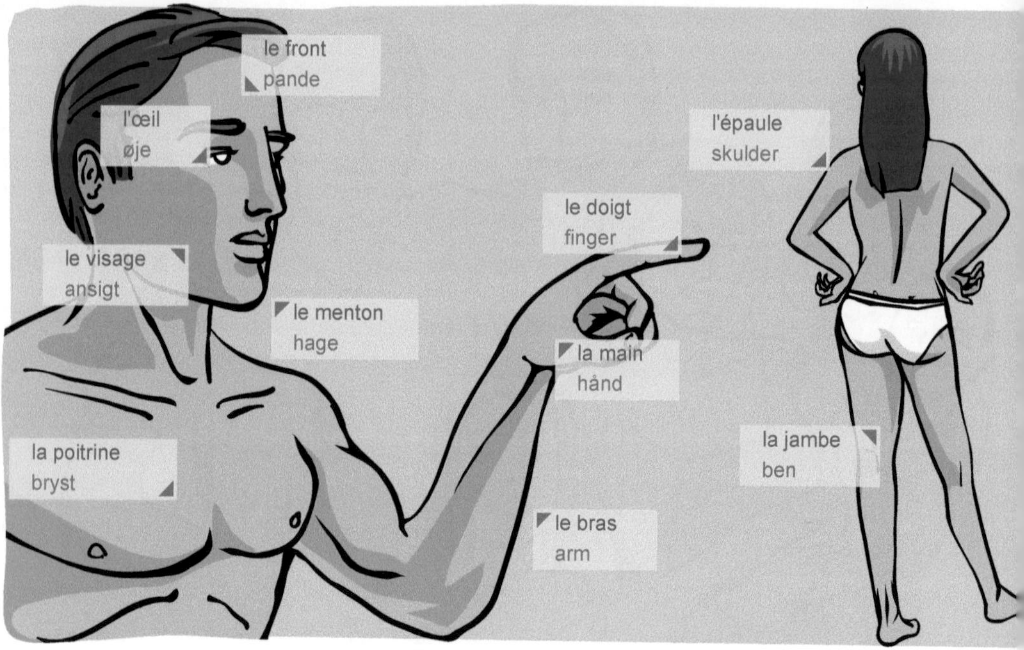

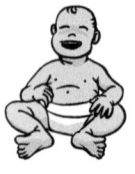

le bébé
baby

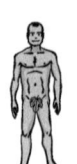

l'homme
mand

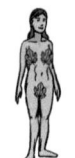

la femme
kvinde

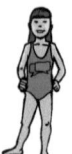

la fille
pige

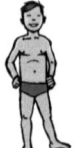

le garçon
dreng

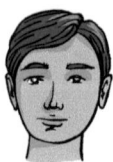

la tête
hoved

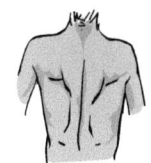

le dos
ryg

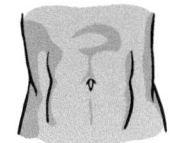

le ventre
mave

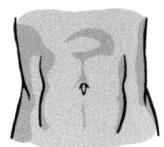

le nombril
navle

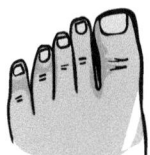

l'orteil
tå

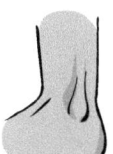

le talon
hæl

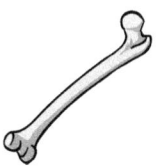

l'os
knogle

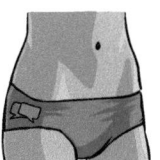

la hanche
hofte

le genou
knæ

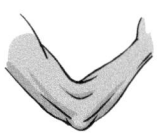

le coude
albue

le nez
næse

les fesses
bagdel

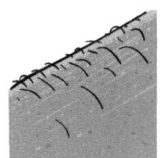

la peau
hud

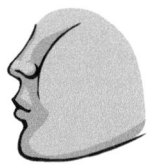

la joue
kind

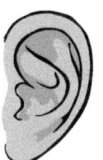

l'oreille
øre

la lèvre
læbe

la bouche

mund

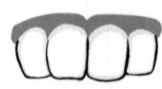

la dent

tand

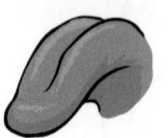

la langue

tunge

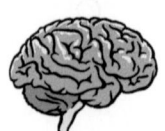

le cerveau

hjerne

le cœur

hjerte

le muscle

muskel

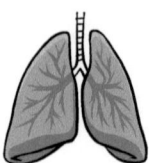

les poumons

lunge

le foie

lever

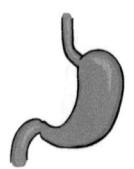

l'estomac

mavesæk

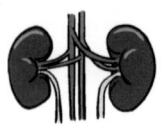

les reins

nyrer

le rapport sexuel

sex

le préservatif

kondom

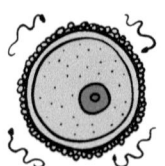

l'ovule

ægcelle

le sperme

sperm

la grossesse

svangerskab

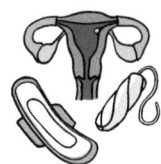

la menstruation

menstruation

le vagin

vagina

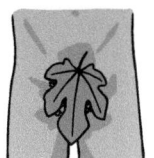

le pénis

penis

le sourcil

øjenbryn

les cheveux

hår

le cou

hals

l'hôpital
sygehus

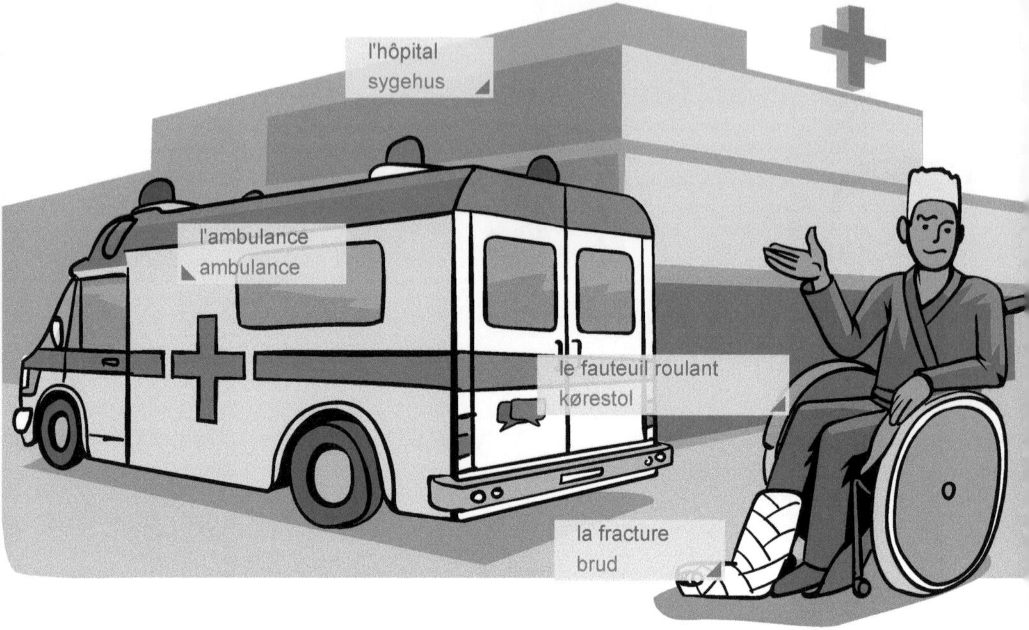

l'hôpital
sygehus
l'ambulance
ambulance
le fauteuil roulant
kørestol
la fracture
brud

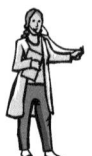

le médecin
....
læge

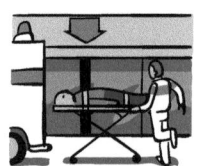

le service des urgences
....
akutmodtagelse

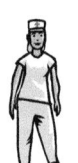

l'infirmière
....
sygeplejerske

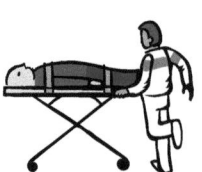

l'urgence
....
nødstilfælde

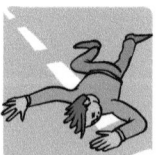

inconscient
....
bevidstløs

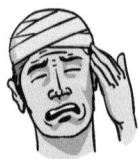

la douleur
....
smerte

la blessure

skade

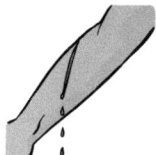

l'hémorragie

blødning

la crise cardiaque

hjerteinfarkt

l'attaque cérébrale

slagtilfælde

l'allergie

allergi

la toux

hoste

la fièvre

feber

la grippe

influenza

la diarrhée

diarré

le mal de tête

hovedpine

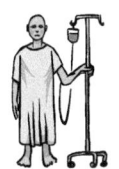

le cancer

kræft

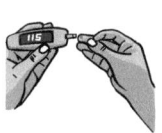

le diabète

diabetes

le chirurgien

kirurg

le scalpel

skalpel

l'opération

operation

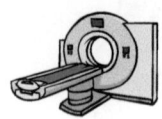

le CT

CT

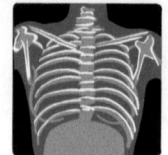

la radiographie

røntgen

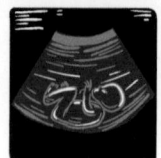

l'échographie

ultralyd

le masque

maske

la maladie

sygdom

la salle d'attente

venteværelse

la béquille

krykke

le pansement

plaster

le pansement

forbinding

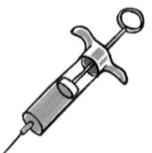

l'injection

injektion

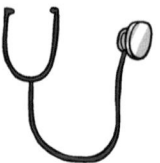

le stéthoscope

stetoskop

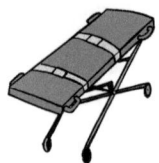

le brancard

båre

le thermomètre

termometer

l'accouchement

fødsel

la surcharge pondérale

overvægt

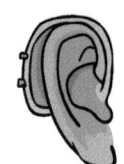

l'appareil auditif

høreapparat

le désinfectant

desinficerende middel

l'infection

infektion

le virus

virus

le VIH / le sida

HIV / AIDS

le médicament

medicin

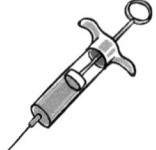

la vaccination

vaccination

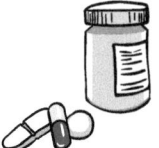

les comprimés

tabletter

la pilule

pille

l'appel d'urgence

nødopkald

le tensiomètre

blodtryksmåler

malade / sain

syg / rask

Au secours !

Hjælp!

l'assaut

overfald

l'attaque

angreb

le danger

fare

la sortie de secours

nødudgang

Au feu!

Det brænder!

l'extincteur

ildslukker

l'accident

uheld

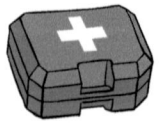

la trousse de premier secours

førstehjælps-kuffert

SOS

SOS

la police

politi

l'Europe

Europa

l'Amérique du Nord

Nordamerika

l'Amérique du Sud

Sydamerika

l'Afrique

Afrika

l'Asie

Asien

l'Australie

Australien

l'Océan atlantique

Atlanterhavet

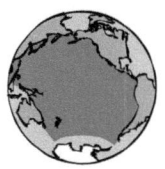

l'Océan pacifique

Stillehavet

l'Océan indien

Indiske Ocean

l'Océan antarctique

Sydlige Ishav

l'Océan arctique

Ishav

le Pôle nord

Nordpol

le Pôle sud

Sydpol

l'Antarctique

Antarktis

la terre

Jorden

le pays

land

la mer

hav

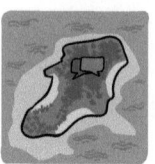

l'île

ø

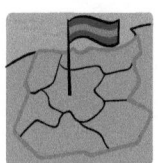

la nation

nation

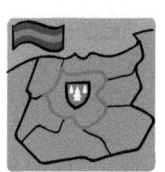

l'état

stat

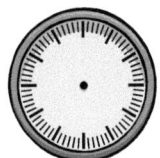

le cadran
....
urskive

l'aiguille des heures
....
timeviser

l'aiguille des minutes
....
minutviser

l'aiguille des secondes
....
sekundviser

Quelle heure est-il ?
....
Hvad er klokken?

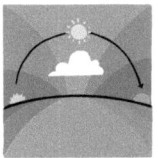

le jour
....
dag

le temps
....
tid

maintenant
....
nu

la montre digitale
....
digitalur

la minute
....
minut

l'heure
....
time

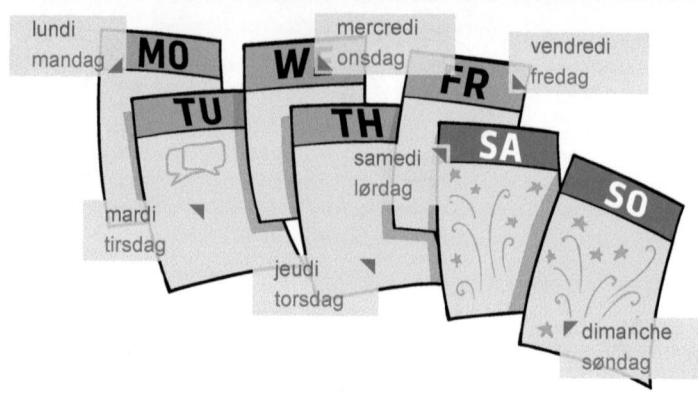

lundi
mandag

mardi
tirsdag

mercredi
onsdag

jeudi
torsdag

samedi
lørdag

vendredi
fredag

dimanche
søndag

hier

i går

aujourd'hui

i dag

demain

i morgen

le matin

morgen

le midi

middag

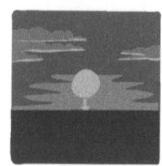

le soir

aften

MO	TU	WE	TH	FR	SA	SU
1	2	3	4	5	6	7
8	9	10	11	12	13	14
15	16	17	18	19	20	21
22	23	24	25	26	27	28
29	30	31	1	2	3	4

les jours ouvrables

arbejdsdage

MO	TU	WE	TH	FR	SA	SU
1	2	3	4	5	6	7
8	9	10	11	12	13	14
15	16	17	18	19	20	21
22	23	24	25	26	27	28
29	30	31	1	2	3	4

le week-end

weekend

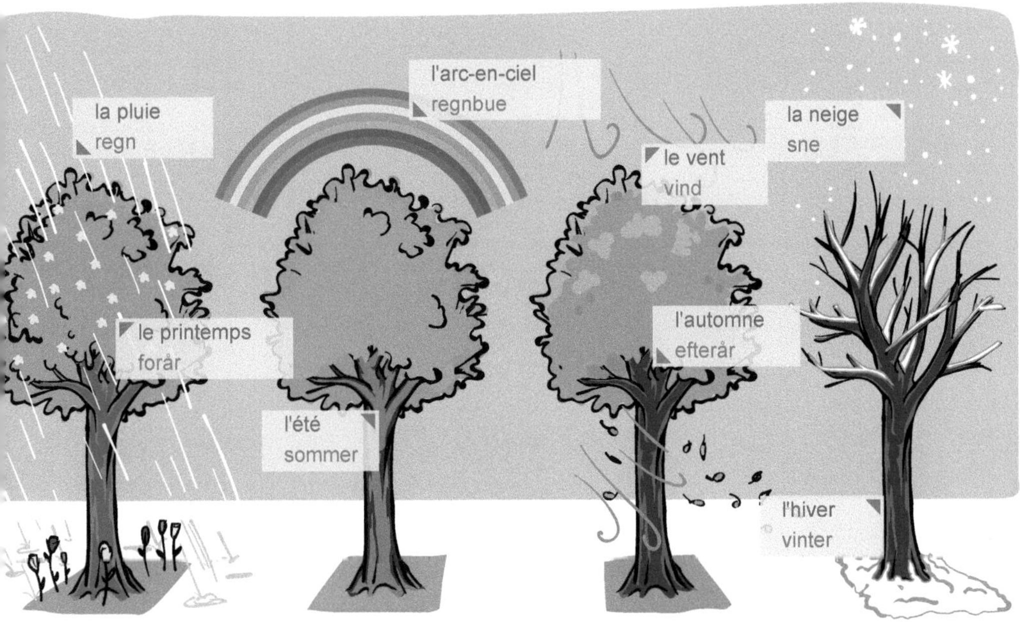

la pluie
regn
l'arc-en-ciel
regnbue
la neige
sne
le vent
vind
le printemps
forår
l'automne
efterår
l'été
sommer
l'hiver
vinter

4.APRIL 11°
5.APRIL 4°
6.APRIL 13°
7.APRIL 8°
8.APRIL 10°

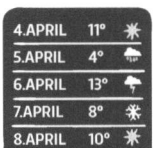

la météo
....
vejrudsigt

F C
120 40
90 30
60 20
30 10
0 0
-30 -10
-20

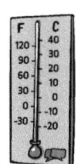

le thermomètre
....
termometer

la lumière du soleil
....
solskin

le nuage
....
sky

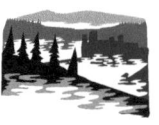

le brouillard
....
tåge

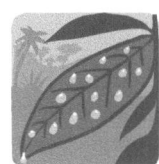

l'humidité
....
luftfugtighed

la foudre

lyn

la tonnerre

torden

la tempête

storm

la grêle

hagl

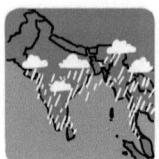

la mousson

monsun

l'inondation

flod

la glace

is

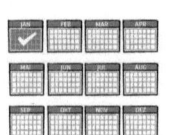

janvier

januar

février

februar

mars

marts

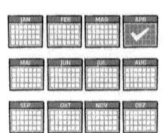

avril

april

mai

maj

juin

juni

juillet

juli

août

august

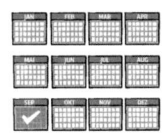

septembre

september

octobre

oktober

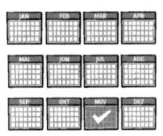

novembre

november

décembre

december

le cercle

cirkel

le carré

kvadrat

le rectangle

firkant

le triangle

trekant

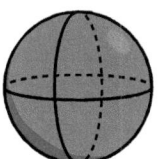

la sphère

kugle

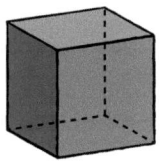

le cube

terning

les couleurs

farver

blanc

hvid

jaune

gul

orange

orange

rose

pink

rouge

rød

violet

lilla

bleu

blå

vert

grøn

marron

brun

gris

grå

noir

sort

beaucoup / peu

meget / lidt

fâché / calme

rasende / fredelig

joli / laid

smuk / grim

le début / la fin

begyndelse / slut

grand / petit

stor / lille

clair / obscure

lys / mørk

frère / soeur

bror / søster

propre / sale

ren / snavset

complet / incomplet

fuldkommen / ufuldkommen

le jour / la nuit

dag / nat

mort / vivant

død / levende

large / étroit

bred / smal

comestible / incomestible

spiselig / uspiselig

méchant / gentil

vred / venlig

excité / ennuyé

ophidset / kedet

gros / mince

tyk / tynd

le premier / le dernier

først / sidst

l'ami / l'ennemi

ven / fjende

plein / vide

fuld / tom

dur / souple

hård / blød

lourd / léger

tung / let

faim / soif

sult / tørst

malade / sain

syg / rask

illégal / légal

illegal / legal

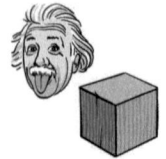

intelligent / stupide

intelligent / dum

gauche / droite

venstre / højre

proche / loin

nær / fjern

nouveau / usé

ny / brugt

rien / quelque chose

intet / noget

vieux / jeune

gammel / ung

marche / arrêt

tændt / slukket

ouvert / fermé

åben / lukket

faible / fort

stille / højt

riche / pauvre

rig / fattig

correct / incorrect

rigtig / forkert

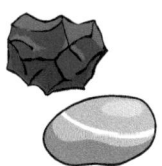

rugueux / lisse

ru / glat

triste / heureux

ked af det / lykkelig

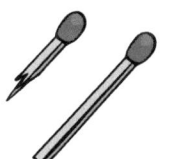

court / long

kort / lang

lent / rapide

langsom / hurtig

mouillé / sec

våd / tør

chaud / froid

varm / kold

la guerre / la paix

krig / fred

les oppositions - modsætninger

0

zéro

nul

1

un / une

en

2

deux

to

3

trois

tre

4

quatre

fire

5

cinq

fem

6

six

seks

7

sept

syv

8

huit

otte

9

neuf

ni

10

dix

ti

11

onze

elleve

12
douze
tolv

13
treize
tretten

14
quatorze
fjorten

15
quinze
femten

16
seize
seksten

17
dix-sept
sytten

18
dix-huit
atten

19
dix-neuf
nitten

20
vingt
tyve

100
cent
hundrede

1.000
mille
tusinde

1.000.000
le million
million

les nombres - tal

l'anglais

engelsk

l'anglais américain

amerikansk engelsk

le chinois mandarin

kinesisk mandarin

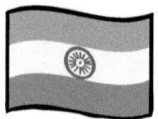

le hindi

hindi

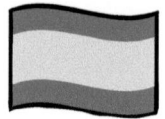

l'espagnol

spansk

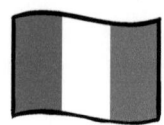

le français

fransk

l'arabe

arabisk

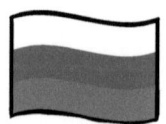

le russe

russisk

le portugais

portugisisk

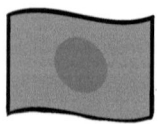

le bengali

bengalsk

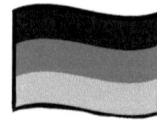

l'allemand

tysk

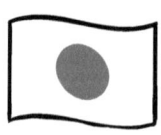

le japonais

japansk

je

jeg

tu

du

il / elle / ce, c', cela

han / hun / den / det

nous

vi

vous

I

ils / elles

de

Qui ?

hvem?

Quoi ?

hvad?

Comment ?

hvordan?

Où ?

hvor?

Quand ?

hvornår?

le nom

navn

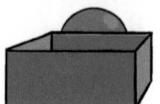

derrière

bag

dans

i

devant

foran

au-dessus

over

sur

på

en-dessous

under

à côté de

ved siden af

entre

imellem

le lieu

sted